Un grand merci à mes patients et à leurs parents pour l'intérêt qu'ils ont pu porter à cette méthode. Leur réussite est ma plus belle récompense.

Table des matières

I/ <u>Définition : Qu'est-ce que les devoirs ?</u>

A cette question, nous trouvons le plus communément la définition suivante : « tâches demandées aux élèves par leurs professeurs qui doivent être faites en dehors des heures de cours ». Ainsi, un devoir à la maison est un travail de recherche, de mémorisation ou d'application des connaissances, effectué par un élève dans le cadre du programme scolaire.

Plus précisément, le devoir à la maison consiste à réaliser un ou plusieurs exercice(s) portant sur un sujet du cours. Le but de ce travail à la maison est d'entraîner l'élève à utiliser les méthodes vues en classe, à préparer un cours en introduisant une nouvelle notion ou bien d'effectuer des activités de recherches ou d'approfondissement d'une notion vue en cours.

Lorsque le sujet du devoir se présente sous la forme d'un unique exercice, le but est de trouver, de comprendre ou bien de reproduire un raisonnement afin de l'assimiler.

Selon les équipes enseignantes, les devoirs auraient pour objectif :

- d'améliorer l'appropriation et la mémorisation des leçons,
- de permettre à l'élève d'approfondir les connaissances abordées en cours et de les assimiler,
- de favoriser l'autodétermination des comportements de l'élève et la prise de leurs responsabilités, quant à leur scolarité (les devoirs à la maison rendent l'élève responsable de son travail),
- de favoriser un lien entre les familles et l'école, tout en incitant les parents à participer à la vie scolaire de l'enfant (les devoirs à la maison comme un outil de partenariat éducatif car ils peuvent permettre aux parents de montrer à leurs enfants leur intérêt pour leur vie scolaire),
- pour les parents, les devoirs à la maison permettent de prendre conscience des progrès ou des difficultés que connaît leur enfant dans sa scolarité.

Outre l'étude dirigée en primaire et les cours de soutien au collège, l'école ne propose pas de réelles plages horaires où l'enfant peut revoir de manière approfondie les connaissances abordées en classe. Il est donc contraint de s'y coller en rentrant chez lui le soir, malgré une journée déjà bien remplie. Et bien qu'il soit parfois difficile pour les parents comme pour les enfants de concevoir la réelle utilité de cette surcharge de travail, il en existe bien une : sans cette phase d'appropriation exclusive du savoir, propre à chaque enfant et qui doit passer par un moment d'isolement, la notion théorique expliquée en classe a peu de chances d'être correctement assimilée.

II/   <u>Historique : Depuis quand le travail à la maison existe-t-il ?</u>

Historiquement, le fait de devoir réaliser des tâches scolaires en dehors de l'école est quelque chose d'assez récent. En effet, les travaux individuels visant à améliorer la mémorisation, la recherche ou encore l'autonomie existaient déjà dans le passé, mais sous une forme différente de celle que nous connaissons de nos jours. Dans les collèges jésuites puis napoléoniens, il existait déjà une différence entre le temps de cours, qui comprenait les notions théoriques, et le temps d'études, qui lui était réservé à la mise en pratique des notions vues en temps de cours. Mais, à partir des années 1950, les heures de cours n'ont cessé d'augmenter, entre autres à cause de l'augmentation du nombre de matières, pour aboutir progressivement à des temps d'études en dehors des heures de classe, ce qui a donné lieu aux devoirs à la maison.

C'est en effet, à partir des années 1950 que la législation française commencera à légiférer sur les devoirs à la maison en interdisant les devoirs écrits (avec notamment l'<u>arrêté du 23 novembre 1956 </u>et <u>la circulaire du 29 décembre 1956</u>).

Il existe donc un décret datant de 1956 qui est censé interdire les devoirs à la maison pour les enfants en école primaire qui n'est toutefois pas appliqué.

Et alors que les devoirs écrits sont interdits depuis les années cinquante, rares sont les enseignants à respecter cette circulaire.

Depuis, ces décisions juridiques n'ont de cesse d'être rappelées, car non appliquées dans les faits, via <u>différents arrêtés et circulaires dont ceux de 1958, 1964, 1994 et 2004</u>. Dans ces différents textes, sont rappelées clairement l'interdiction de prescrire des devoirs écrits aux élèves de cours élémentaire et la présence de temps d'étude, en présence de professeurs, destinés à l'exécution de ces travaux écrits. Les tâches scolaires telles que les leçons à apprendre, les lectures, les recherches à effectuer, les poésies restant autorisées et même encouragées par ces mêmes textes.

Depuis plusieurs années, des tests sont organisés dans certains établissements afin de réduire la dose d'enseignements et de rallonger l'année scolaire. Toutefois, le gouvernement n'a pas pris de décision claire vis-à-vis de ces questions de quantité de travail personnel pour les élèves de l'école primaire et du collège.

Mais qu'en est-il dans les autres pays d'Europe ? Les enseignants donnent-ils des devoirs et il y a-t-il une législation concernant le travail des élèves à la maison ?

III/ <u>**Qu'en est-il dans les autres pays d'Europe ?**</u>

Dans les pays européens où le débat concernant les devoirs est ouvert, on observe comme en France, un problème de disparités entre les familles, l'aide des parents étant souvent source d'inégalités. Une réalité que la loi ne peut malheureusement pas résoudre.

Mais voyons plus précisément ce qu'il en est dans les autres pays de l'union européenne.

Au Royaume uni, le débat est loin d'être clos

La journée type d'un élève au Royaume-Uni est de cinq ou six heures de cours et de deux heures d'activités extra-scolaires comme par exemple du sport ou bien des activités artistiques. Certains experts préconiseraient d'ajouter deux heures de travail le soir pour les élèves âgés de 15 ans.

Dans ce pays, ce sont les chefs d'établissement qui ont le choix de la quantité quotidienne de travail extra-scolaire.

Le débat est récurrent au Royaume-Uni et les syndicats d'enseignants s'affrontent depuis plusieurs années sur ce sujet. Le débat pourra être encore réveillé en mettant en confrontation les différents résultats scientifiques parfois contradictoires en ce qui concerne le bien-fondé de donner des devoirs ou non à la maison.

En Belgique : un décret précis comme en France

Depuis Septembre 2001, un décret limite la durée du travail à domicile pour les enfants à une demi-heure maximum. Les devoirs doivent par ailleurs pouvoir se faire sans l'aide du parent et seuls les enfants de maternelle en sont dispensés. Dans ce pays, les cours se terminent en général à 15h30 et les établissements proposent une aide aux devoirs.

En Espagne : le débat réactivé par la France

La situation dans ce pays est similaire à celle de la France même si les espagnols ont un emploi du temps en général plus léger durant les jours d'école.

En Allemagne, nous sommes loin de la suppression des devoirs

Dans ce pays, le système scolaire privilégie aussi des journées courtes et des temps d'activités hors école importants. Les écoles proposent des activités et des aides aux devoirs durant l'après-midi. Ceux–ci représentent 30 minutes à une heure selon le niveau. Dès le collège, les horaires ne changent pas mais la dose de travail augmente. Le soir l'élève doit étudier deux heures minimum chez lui pour suivre le programme scolaire et rester à niveau.

Grèce et Chypre: les activités extra-scolaires sont privilégiées

En Grèce et à Chypre aucune législation n'a encore vu le jour sur concernant les devoirs à la maison. La journée d'école se termine en général à 14h. L'apprentissage des leçons et les exercices à la maison sont essentiels dans la formation qui ne dure que vingt heures par semaine. Toutefois, l'allongement de la journée de cours est souvent discuté par les autorités et la pratique des activités extra-scolaires est encouragée.

Danemark et Suède: la réduction des devoirs

En Europe du Nord, un élève de 6 à 11 ans, voit sa journée d'école se terminer à 14h. Il a ainsi beaucoup de temps pour se consacrer à des activités sportives ou artistiques ainsi qu'à ses devoirs. Privilégiant le travail en classe plutôt que seul à la maison, les enseignants ne donnent pas plus d'une demi-heure de devoirs quotidiens.

Dès le collège, la journée est plus soutenue puisque l'élève a des cours jusqu'à 17h avant d'aller travailler une heure chez lui. Toutefois, un temps pour les activités extra-scolaires est encore prévu en fin de journée créant ainsi une coupure entre le travail à l'école et à domicile.

IV/ <u>Les enjeux psycho-affectifs pouvant être engendrés par les devoirs à la maison</u>

1) Les devoirs, sources d'angoisses, de culpabilité et de conflits pour les familles

Les réactions induites par l'intrusion des tâches scolaires dans le foyer familial peuvent être diverses et variées ; parfois les devoirs sont une source de conflit dans certaines familles.

Les parents que je reçois au cabinet sont très régulièrement angoissés par la réussite scolaire de leurs enfants et l'inquiétude parentale se matérialise trop souvent dans les devoirs du soir qui n'est pas forcément un moment bien vécu.

L'enfant, qui le ressent, peut créer autour des devoirs un certain chantage affectif en profitant de l'angoisse de ses parents pour lui démontrer un mal-être lorsqu'il ne les fait pas et qu'il décroche sur le plan scolaire.

Aussi, l'immaturité de certains enfants et leur manque d'autonomie face à leur scolarité sont des facteurs à prendre en compte. Sans oublier que la prise d'autonomie dans le travail scolaire varie largement d'un enfant à l'autre.

L'angoisse des parents peut parfois résonner avec leur histoire infantile. Entre l'enfant et ses parents, les enjeux affectifs peuvent être tels qu'ils ne permettent pas toujours à chacun de prendre la distance suffisante pour bien vivre cette relation de travail. Certains parents revivent leur propre scolarité à travers celle de leurs enfants devenus élèves. Dans ce cas précis, la solution peut être par exemple de passer le relais à un autre adulte.

La relation des parents de l'enfant à la scolarité est également importante et peut être parfois déterminante dans la réussite d'un enfant. De plus, beaucoup d'études démontrent que nos enfants sont plus stressés à l'école de nos jours par rapport à auparavant. La pression scolaire est très forte et les attentes des parents et de la société également.

2) Les aménagements à mettre en place afin d'éviter le "conflit du soir"

Plusieurs conseils peuvent être donnés aux parents afin d'éviter de rentrer dans un conflit le soir à la maison au sujet des devoirs :

- matérialiser en amont le moment des devoirs sur un emploi du temps (prévoir de les débuter avant 18h),
- définir la durée des devoirs avec son enfant,
- définir le lieu de la réalisation des devoirs en accord avec son enfant mais en respectant tout de même quelques critères importants ; pas de bureau devant une fenêtre afin que l'enfant en soit pas distrait par ce qu'il se passe dehors, pas dans la cuisine surtout si le parents se met à faire à manger au moment où l'enfant fait ses exercices,
- faire des pauses encadrées de cinq à dix minutes en utilisant un Timer si besoin,
- le téléphone portable est à mettre dans une autre pièce au moment de la réalisation des devoirs,
- viser la qualité plutôt que la quantité,
- faire retomber la pression avant de se mettre aux devoirs (par exemple, faire réaliser à l'enfant des petites exercices de respiration),
- donner un sens aux exercices demandés par les enseignants et donner les objectifs des exercices qui sont à faire en les verbalisant : par exemple « à quoi ça sert ce qu'on est en train de faire ? ton exercice de grammaire et de conjugaison te servira à parler correctement, etc.».
- faire des devoirs un moment privilégié d'échanges et de partage avec le parent,
- toujours encourager l'enfant,
- essayer d'apporter un maximum de sérénité à son enfant au moment des devoirs,
- lever le problème de la compréhension de la consigne pour les devoirs,
- scénariser les leçons, rendre les apprentissages ludiques,
- décomposer la charge de travail en se fixant des objectifs atteignables.
- rendre l'enfant le plus autonome possible en le laissant faire ses devoirs seul et en revenant pour regarder avec lui les tâches accomplies et s'assurer qu'il a bien compris toutes les notions abordées,

- le valoriser pour tout ce qu'il fait ou qu'il essaye de faire. Même s'il n'est pas parvenu à réaliser certaines tâches, il est important de reconnaître qu'il a essayé de résoudre ce qui lui était demandé,

- il est important de ne pas faire de chantage concernant son avenir. Par exemple, cela n'a pas de sens de parler du baccalauréat ou bien de chômage à un enfant de huit ans. Cela ne lui dit rien et il risquerait de croire que ses parents n'ont pas confiance en lui.

- il est aussi important que d'une certaine façon, l'enfant y trouve du plaisir. Un enfant qui travaille avec plaisir trouve du sens à ce qu'il fait.

En résumé, divers enjeux psychoaffectifs peuvent rentrer en ligne de compte mais lorsqu'ils sont interrogés, les parents restent plutôt favorables aux devoirs à la maison même si certains d'entre eux ne savent pas concrètement comment aider leurs enfants.

Beaucoup d'entre eux, me décrivent également un manque de motivation de la part de leurs enfants au moment des devoirs. Voici donc ci-dessous un outil intéressant permettant de favoriser ce que l'on appelle la motivation extrinsèque chez l'enfant :

<u>LE TABLEAU DE RÉCOMPENSES</u>

Nombre de points cumulés	Comportements attendus
★★★★★★★★★	*Lister cinq comportements attendus*
Les points cumulés peuvent être représentés par des gommettes ou des tampons. *Ils sont ajoutés par l'enfant dans le tableau lorsqu'un comportement attendu a été réalisé et validé par l'adulte.*	<u>Récompenses</u> *Elaborer une liste de récompenses mêlant des objets appréciés par l'enfant mais également des moments privilégiés avec l'un de ses parents, un temps de jeu, inviter un ami à la maison, aller à un endroit qu'il aime particulièrement, etc.*

Le tableau de récompenses est utilisé comme facteur de motivation extrinsèque chez l'enfant et doit être tenu **<u>entre un mois minimum et trois mois</u>** afin que les comportements attendus soient définitivement assimilés par l'enfant.

En outre, je souhaite vous proposer ci-dessous une méthode permettant à l'enfant d'avoir un cadre et de favoriser son autonomie.

V/   <u>La méthode A.R.P.A.</u>

1) Présentation

Je souhaite vous présenter une méthode que j'ai nommé « **Méthode A.R.P.A.** » qui est l'acronyme de : **Autonomie – Rigueur – Plaisir – Anticipation**.

Cette méthode que je développe depuis plusieurs années avec les parents de mes patients ainsi qu'avec les élèves que je reçois en consultation, permet d'apporter un cadre et une organisation au quotidien.

Il est important de savoir qu'un enfant se construit dans la répétition. Pour se repérer clairement dans son quotidien, il a besoin que les évènements se répètent et que les règles soient toujours les mêmes d'une journée à l'autre.

Cette méthode intègre ce besoin à travers une application quotidienne. Elle permet ainsi à l'enfant de réussir sa scolarité en s'organisant et en optimisant ses fonctions intellectuelles.

2) Qu'est-ce que la méthode A.R.P.A. ?

A comme Autonomie : Faire confiance à son enfant en le rendant de plus en plus autonome par rapport à sa vie scolaire est essentiel. L'enfant rentre de l'école et pose ses affaires. Il peut ensuite prendre une demi-heure pour se reposer, faire une pause et goûter. Pendant cette demi-heure, l'enfant n'a pas le droit d'utiliser les écrans. Il est important de le responsabiliser, de le laisser gérer cette demi-heure une fois qu'il a intégré les règles et qu'il les respecte. Cela lui apprend également la gestion du temps sur une courte durée.

Il s'agit d'une phase de transition entre le retour de l'école et le travail à la maison, le but étant que l'enfant puisse avoir un temps calme avant de commencer ses devoirs.

Voici ci-dessous quelques autres exemples d'organisation du quotidien qui peuvent favoriser l'autonomie de l'enfant :

- ranger régulièrement son bureau : chaque objet a sa place (c'est la règle d'or du maître de l'organisation),
- classer ses cours dans un classeur avec des intercalaires qui séparent les différentes matières ou bien, utiliser un classeur par matière,
- utiliser des feuilles de couleurs (une couleur par matière),
- préparer ses affaires la veille pour le lendemain,
- installer un rituel dès le retour de l'école : une demi-heure de pause avec le goûter et sans écrans, ensuite réalisation des devoirs puis l'enfant peut faire ce qu'il veut,
- le cartable a une place particulière dans la maison : lorsqu'il est préparé, on le place à un endroit stratégique pour indiquer que tout est prêt à l'intérieur. Il faut lui choisir un endroit visible pour ne pas l'oublier le lendemain matin,

- l'enfant doit afficher son emploi du temps dans sa chambre,

- faire la cuisine : en effet, suivre les différentes étapes d'une recette, ne pas oublier un ingrédient et gérer les différents ingrédients mobilisent les stratégies d'organisation et autonomise l'enfant,

- préparation des affaires pour une sortie (pique-nique, balade à vélo),

- aller faire les courses : retenir une liste de produits à acheter et procéder de façon méthodique dans les rayons du supermarché,

- ranger systématiquement après leur utilisation, les objets utilisés,

- lecture au quotidien d'un livre choisi par l'enfant.

R comme Rigueur : La rigueur et la culture de l'effort sont essentielles au développement de l'enfant et son insertion dans la société. Après la pause mise en place au retour de l'école, l'enfant se met à son travail scolaire. Il doit essayer de traiter tous les sujets demandés et il doit apprendre à s'appuyer sur ses cours afin de résoudre les exercices. Il peut faire appel à un adulte en cas de difficultés de compréhension d'une consigne. L'adulte va s'assurer que tous les devoirs ont été réalisés, que tous les sujets ont été correctement traités, compris et assimilés par l'enfant.

La rigueur est également essentielle lorsqu'il s'agit d'apprendre des leçons et voici ci-dessous la description de techniques que je propose aux élèves et aux familles que je reçois régulièrement consultation :

- <u>utiliser des fiches de différentes couleurs</u> (une couleur par matière),

- une fiche « définitions » pour chaque leçon : écriture du titre de la leçon en haut de la fiche et repérage de tous les mots spécifiques de la leçon et des notions qui sont inconnus de l'enfant. Faire chercher à l'enfant la définition de chaque mot inconnu et la noter sur cette même fiche.
- une fiche qui extrait les informations importantes du cours qui serviront à restituer les connaissances lors de l'évaluation des connaissances : écriture du titre de la leçon en haut de la fiche et repérer les phrases importantes de la leçon qui sont à mémoriser,
- révision tous les soirs des différentes fiches jusqu'à la date du contrôle.

Ci-dessous, des exemples de fiches d'une même leçon d'histoire. L'une consiste au repérage des mots inconnus de l'enfant et des notions importantes de la leçon, et l'autre extrait les informations importantes à connaître pour la prochaine évaluation.

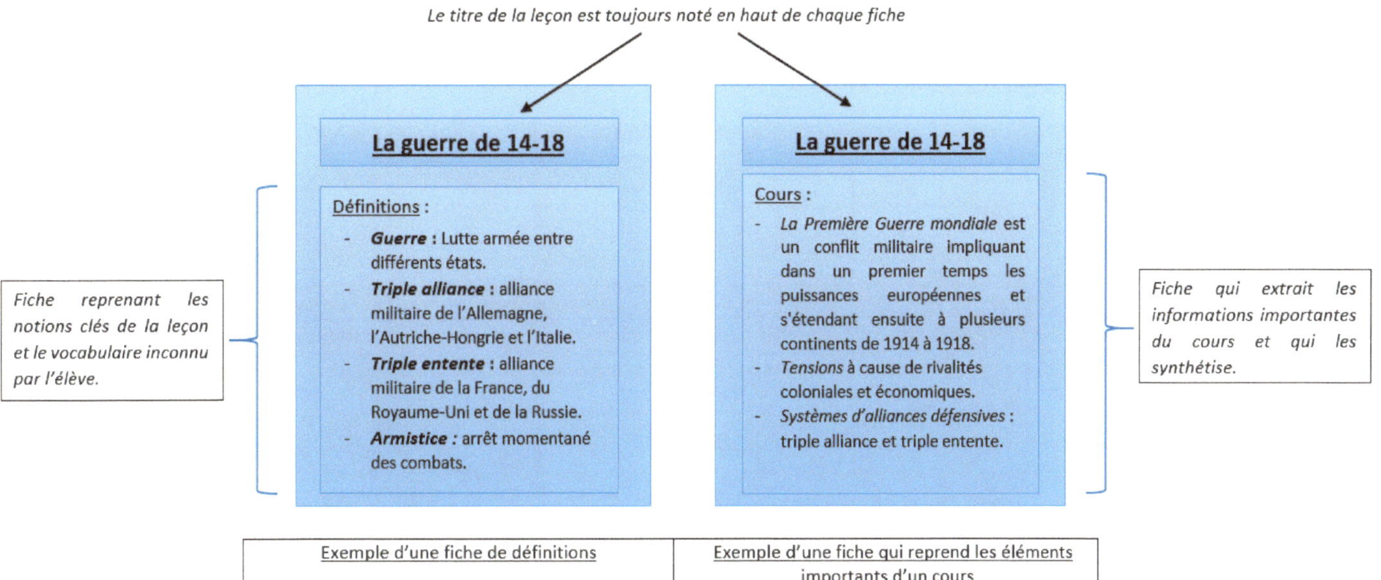

D'autres exemples de fiches traitant des leçons de divers matières scolaires vous sont proposées ci-dessous :

Exemple d'une fiche d'une matière scientifique (ici mathématiques) :

Le théorème de Pythagore

Définitions :

Théorème de Pythagore : dans un triangle rectangle, le carré de l'hypothénuse est égal à la somme des carrés des côtés de l'angle droit.

Hypothénuse : côté opposé à l'angle droit dans un triangle rectangle.

Formule : si un triangle ABC est un rectangle en A, alors $BC^2=AB^2+AC^2$

Au sein de la fiche de sciences, ne pas hésiter à y noter des définitions ainsi que les formules et les schémas de la leçon.

Pour l'apprentissage de la leçon et pour se préparer efficacement au contrôle, il est ensuite essentiel d'appliquer les formules apprises par cœur à l'aide de la fiche, en refaisant tous les exercices !

Exemple d'une fiche d'une matière scientifique (ici SVT) :

Exploitation des ressources naturelles

Définitions :

Pétrole : huile minérale naturelle combustible utilisée pour produire de l'énergie.

combustion : action de brûler entièrement, décomposer une quantité de matière sous l'action du feu.

carbone : corps non métallique simple qui constitue de la matière vivante

Exploitation des ressources naturelles

Cours :

- Le pétrole est issu de la fossilisation des grandes forêts du carbonifère.
- C'est une énergie fossile donc non-renouvelable.
- Les végétaux consomment le carbone rejeté dans la combustion du bois grâce à la photosynthèse.

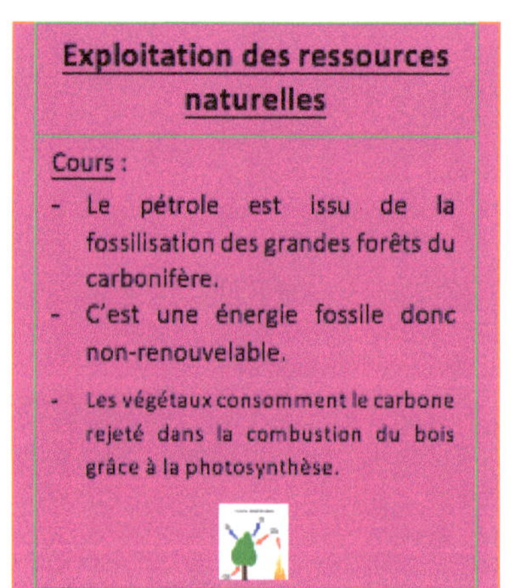

Comme pour les fiches d'histoire présentées précédemment, lorsque la matière scolaire se compose d'un cours long et complexe, il est utile de faire deux fiches en séparant les définitions, des éléments importants du cours (ne pas hésiter à y intégrer les schémas du cours ainsi que les formules s'il y en a).

Ces fiches sont à réviser chaque soir, à compléter au fur et à mesure de l'avancée du cours et à apprendre par cœur.

L'utilité des fiches permet également d'avoir une vision de hauteur du cours avec **une vision claire sur la structuration des leçons à savoir le nombre de chapitres, le nombre de sous-chapitres, puis le détail des notions**. Demandez à votre enfant comment est structurée sa leçon.

Aussi, il a été démontré que le fait de **reformuler par écrit les notions des cours** permet de mieux les assimiler. De plus, la redite orale d'un cours permet également de bien l'assimiler bien mieux qu'à l'écrit, aussi parler d'un cours avec ses parents ou amis permet de l'assimiler.

Il a été démontré qu'il est également nécessaire de **réactiver régulièrement les informations en mémoire** afin d'éviter les oublis d'éléments, c'est pourquoi il est nécessaire de réviser le plus régulièrement possible et de préférence tous les soirs ses fiches jusqu'à la date de l'examen.

En outre, **il est indispensable de se faire interroger à plusieurs reprises sur les notions des cours avant l'évaluation**. Ainsi, n'hésitez pas à aider votre enfant en l'interrogeant sur ses fiches. A ce sujet, il y a également le système des *flashcards* (très en vogue dans les facultés américaines) : ce sont des petites cartes de révision où d'un coté on écrit une question et de l'autre la réponse. Pour se mettre à l'épreuve, on sort les cartes l'une après l'autre et pour chacune on tente de se souvenir de la réponse puis on vérifie en retournant la carte (correction d'erreur). En cas d'échec on replace la carte au-dessus de la pile, ce qui la force à revenir à très court terme pour justement bien réviser la notion non acquise. En cas de réussite, on la relègue à l'arrière-plan de la pile car pas besoin de la réviser dans l'immédiat mais elle ressurgira plus tard au moment où l'oubli aura commencé à faire son effet.

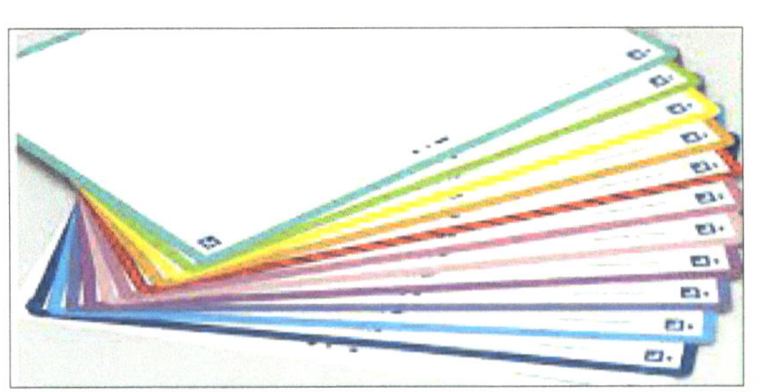

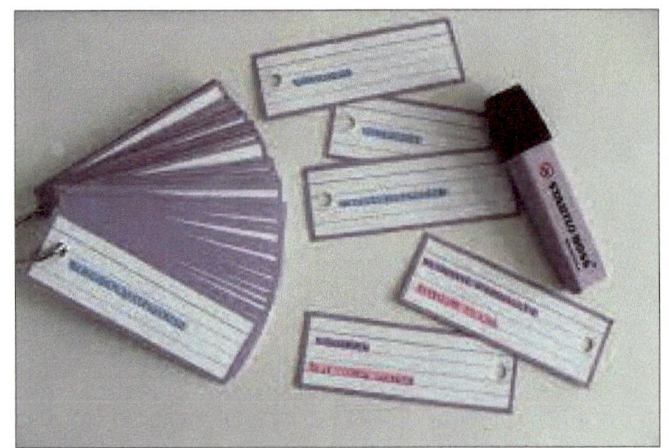

QUESTION

RÉPONSE

Aussi, beaucoup de questions me sont également posées concernant l'apprentissage des mots et de leur orthographe pour **<u>la dictée</u>**. Ainsi, **j'ai souhaité vous présenter dans cet ouvrage la méthode que je propose aux élèves qui viennent me voir en séances de méthodologie pour mémoriser les mots à apprendre** :

- lire tout d'abord les mots à voix haute,
- les recopier trois fois sur une feuille,
- procéder à une dictée de ces mots ; l'adulte dicte les mots à l'enfant qui essaye donc de les réécrire de mémoire avec la bonne orthographe,
- correction des fautes éventuelles et recopier trois fois les mots où il y a eu des fautes,
- refaire la dictée de tous les mots,
- s'il n'y a aucune faute est faite cette fois-ci à l'écrit, demander à l'enfant d'épeler chaque mot.
- si aucune faute n'est commise lorsque les mots ont été épelés, l'orthographe des mots peut alors être considérée comme enregistrée dans la mémoire de l'enfant, si quelques fautes sont relevées il sera donc nécessaire de reprendre les étapes ci-dessus qui concernent les mots où il y a des erreurs,
- la veille au soir avant le jour de la dictée, relire les mots et les faire ré-épeler à l'enfant. Si vous sentez qu'il n'est pas sûr de lui concernant l'orthographe, procédez de nouveau à une copie des mots et à une dictée à l'écrit si nécessaire.

Lorsque des fautes ont été commises lors de la dictée en classe, il est conseillé de reprendre les mots de la dictée à domicile et de les recopier de nouveau trois fois avec la bonne orthographe en finissant ensuite par les épeler.

En outre, afin de renforcer le niveau d'orthographe de l'enfant, **il est vivement conseillé d'intégrer dans sa routine un temps de lecture tous les soir, peu importe sa durée.** L'enfant choisi un livre qui lui plait et il en lit quelques paragraphes tous les soirs ou, à défaut, quelques phrases pour les lecteurs débutants. Une lecture alternée peut également être mise en place afin de motiver l'enfant : le parent lit une phrase ou un paragraphe et l'enfant qui souhaite connaître la suite de l'histoire lit à son tour la phrase ou le paragraphe d'après et ainsi de suite.

De plus, **voici la méthode utilisée en séance pour <u>l'apprentissage d'un schéma ou d'une carte</u>** : en effet, dans certaines matières, telles l'Histoire-Géographie ou les Sciences de la Vie et de la Terre, les schémas et les cartes font partie intégrante de la leçon et sont à apprendre pour l'évaluation. Certains professeurs peuvent également interroger leurs élèves en leur donnant des cartes à analyser durant le contrôle. Il est donc primordial de savoir comment en extraire les informations clés afin de pouvoir les utiliser pour répondre à des questions ou bien pour acquérir des connaissances complémentaires qui concernent la leçon. Plusieurs étapes sont à suivre pour y parvenir facilement :

- tout d'abord, je ne me précipite pas et je commence par lire le titre (en me demandant clairement ce qu'illustre cette carte ou ce schéma ?),
- ensuite, je m'attarde un peu sur la légende (en me demandant comment fonctionne la carte ?, il a-t-il des couleurs ou des symboles qui donnent des informations particulières ou qui représentent des données ?, etc.)
- une fois que j'ai compris la légende et le fonctionnement de la carte ou du schéma, je note les informations qui s'en dégagent en explorant la carte ou le schéma en détails (autrement dit, une partie de ma fiche de cours sera dédiée à la notation des informations extraites de la carte ou du schéma),
- enfin, j'apprends par cœur les informations que je suis parvenu à extraire.

Il apparait également utile de vous partager certains conseils pour **<u>l'apprentissage de la lecture de l'heure</u>** : il s'agit en effet d'une notion importante qui est d'ailleurs au programme de l'école primaire, qui permettra à l'enfant de bien s'orienter dans le temps, d'en acquérir la notion et d'apprendre à le gérer. Il y a tout d'abord des prérequis importants que nécessite cet apprentissage: la bonne reconnaissance des chiffres à l'écrit ainsi que la maîtrise de l'addition et de la soustraction.

Vous pouvez prendre une horloge qui ne fonctionne pas ou bien une que vous mettez à l'arrêt en enlevant la pile. Expliquez bien à l'enfant le rôle de la petite aiguille qui donne l'heure et le rôle de la grande aiguille qui indique les minutes.

Ensuite, vous pouvez commencer par décomposer le cadrant en montrant à l'enfant l'heure pile (grande aiguille positionnée sur le chiffre 12), le quart d'heure (grande aiguille positionnée sur le chiffre 3), la demi-heure (grande aiguille positionnée sur le chiffre 6) et le trois quart d'heure (grande aiguille positionnée sur le chiffre 9).

Répétez ces étapes autant que nécessaire afin que l'enfant les assimile et puisse passer à la suite.

Une fois les étapes décrites ci-dessus bien intégrées, faites dessiner à l'enfant (sur une feuille, sur une ardoise ou tout autre support) un cadrant en lui demandant d'y intégrer les chiffres représentant les différentes heures. Faites-lui ensuite dessiner la petite aiguille et la grande aiguille correspondant à différents horaires que vous lui dictez.

A noter que l'apprentissage de l'heure peut prendre plusieurs semaines selon les enfants et doit être décomposé en plusieurs étapes car il s'agit d'une notion complexe qui nécessite la maîtrise de certaines acquisitions de base.

<u>L'apprentissage des tables de multiplication</u> : En CE1 et CE2, l'équipe enseignante demande aux enfants d'apprendre leurs tables de multiplication et à l'école, les élèves apprennent en général les tables avec la méthode du « par cœur » ; à force de répéter et répéter, ça devrait finir par rentrer… mais ça ne fonctionne pas pour tous.

C'est justement le constat qu'a fait un professeur des écoles face à des élèves en difficultés avec les tables de multiplication et il a ainsi développé une méthode d'apprentissage qui se base sur la technique de l'imagerie mentale qui permet la rétention à long terme des informations. Il a nommé sa méthode « **Multimalin** » qui consiste à mémoriser des histoires amusantes dont les héros ont la forme des chiffres et des lettres. C'est une méthode est très efficace et des vidéos d'exemples sont disponibles gratuitement sur internet. Le livret d'exercices fourni doit également être utilisé rigoureusement pour que cette méthode se révèle efficace chez l'enfant.

D'autres méthodes existent comme par exemple, « la bataille navale des multiplications » qui peut également bien fonctionner pour certains enfants.

Aussi, autre petite astuce et qui rejoint l'apprentissage de l'heure : la table de cinq, correspond à l'horloge où les chiffres qui indiquent l'heure sont affichés de cinq en cinq, c'est-à-dire toutes les cinq minutes.

P comme Plaisir : Le plaisir doit venir après l'effort des devoirs afin que l'enfant prenne conscience qu'à la suite de son investissement dans le travail, il obtient la récompense de pouvoir faire ce qu'il souhaite. Une fois tous les devoirs terminés, l'enfant est autorisé à vaquer à ses occupations.

Concernant les écrans, il est conseillé qu'un enfant puisse jouer aux jeux vidéo au maximum deux fois par semaine durant les périodes d'école ; par exemple une fois durant le week-end et une fois durant la semaine lorsqu'il n'a pas école lendemain ou bien lors d'une journée sans école comme le mercredi lorsqu'il est à jour de son travail.

A comme Anticipation : Dans sa vie personnelle et professionnelle, l'enfant sera amené à anticiper. Cette notion d'anticipation peut être donc travaillée dans le cadre de cette méthode en anticipant les affaires dont il aura besoin pour le lendemain et en anticipant ses futures évaluations scolaires. Il doit donc gérer lui-même son cahier de texte et/ou l'intranet de l'école où sont notées ses devoirs.

Avant d'aller se coucher, l'enfant doit préparer seul son cartable pour le lendemain et réviser les leçons dont l'évaluation approche dans les jours à venir. Tout cela peut être supervisé par l'adulte dans un premier temps puis l'enfant devra le faire seul.

Il s'agit d'un rythme à instaurer dans le quotidien familial et surtout dans le quotidien de l'enfant.

<u>En résumé</u> : **Retour de l'école – Pause / Goûter (sans écrans) – Devoirs – Loisirs de l'enfant – Dîner – Douche – Préparation du cartable pour le lendemain – lecture d'un livre avant de dormir**

3) Application

Afin de pouvoir mettre en place cette méthode dans le quotidien, il est tout d'abord nécessaire d'expliquer les règles à l'enfant (par exemple, trouver ensemble une place pour le cartable, lui expliquer que lorsqu'il rentre de l'école, les écrans sont interdits et qu'il doit gérer seul sa demi-heure de pause, etc.).

Vérifier que l'enfant a bien le nécessaire dans sa chambre et lui fournir le matériel dont il a besoin : un bureau au calme correctement rangé, des fiches de couleurs, des classeurs et des intercalaires pour ranger et classer ses feuilles de cours.

Des classeurs colorés comme ceux-ci peuvent être utilisés pour classer les cours de l'élève

Le bureau de l'enfant doit être constamment rangé, les affaires être classées

Se mettre d'accord sur le fait d'essayer cette méthode durant au moins deux semaines et de pouvoir ensuite l'ajuster si besoin au quotidien de l'enfant en faisant quelques modifications.

Une ou plusieurs consultations peuvent être parfois nécessaires pour guider les parents et l'enfant dans la mise en place de ces différentes techniques et pour les ajuster si besoin.

Les fiches décrites plus haut dans la partie « Rigueur » sont à construire au fur et à mesure de l'avancée de la leçon. Elles doivent être révisées très régulièrement.

Enfin, l'enfant ne doit pas négliger la lecture : au fur et à mesure qu'il passera de classe en classe il sera demandé à l'enfant de rédiger ses réponses de manière explicites, faire des résumer, d'argumenter sur une question concernant un texte étudié en cours, etc. La lecture au quotidien est un excellent moyen de connaître les tournures de phrases, d'apprendre du vocabulaire et de mémoriser des règles de grammaire.

Beaucoup d'enfants ne souhaitent pas lire… Amenez votre enfant à la médiathèque et faites-lui choisir un livre dont il devra lire plusieurs pages tous les soirs. Ce n'est pas le nombre de pages qui compte mais la régularité de lecture à laquelle il va se tenir.

Pour les enfants les plus jeunes encore en école primaire et au début de l'apprentissage de la lecture, il peut être judicieux de les motiver en alternant la lecture des pages du livre avec l'adulte (maman ou papa lit une page et ensuite l'enfant lit l'autre page s'il souhaite connaitre la suite de l'histoire et ainsi de suite).

4) Les séances de méthodologie au cabinet

L'une des façons d'apprendre et de mettre en place ces outils est de pouvoir bénéficier de séances personnalisées au cabinet : en effet, des séances de méthodologie essentiellement destinées aux collégiens et aux lycéens sont proposées au sein du cabinet où j'exerce. Elles durent une heure et nous abordons deux leçons de deux matières différentes choisies par l'enfant. En général, les enfants m'amènent les leçons des matières où ils se sentent le plus en difficultés et nous élaborons ensemble des techniques efficaces qui lui permettront de rapidement savoir comment travailler la matière en question. A la fin de la séance, nous prenons ensuite quelques minutes avec le parent qui accompagne l'enfant afin de lui transmettre les outils utilisés par rapport à la leçon en question afin qu'il en prenne connaissance et qu'il puisse si besoin les réappliquer à la maison avec l'enfant et surveiller que l'enfant se les approprie correctement et de façon autonome.

Des conseils concrets sont également fournis à l'élève afin qu'il puisse poursuivre le travail initié en séance dans sa vie quotidienne car c'est de cette façon que les méthodes présentées seront efficaces. Il est important de les utiliser très régulièrement et de les ajuster si besoin.

De plus, ce type de séances permet de montrer à l'enfant qu'en une heure nous pouvons travailler efficacement deux leçons lorsque des méthodes appropriées et qui lui correspondent sont utilisées. Il est ainsi beaucoup moins découragé face à son travail car beaucoup d'enfants préfèrent ne pas faire lorsqu'ils n'ont pas d'outils pour traiter leur leçon ou alors ils rentrent dans une angoisse telle qui en devient paralysante pour eux à l'idée que le cours à apprendre ou que le devoir à faire puisse lui prendre des heures car il s'en représente une montagne qu'il ne parviendra pas à gravir.

Ces séances permettent également à l'enfant de prendre conscience que tous les types de leçons peuvent être traitées dès qu'une méthode efficace est élaborée indépendamment de la façon d'enseigner du professeur qu'elle soit ou non appréciée.

Ainsi, de la même manière qu'en cuisine où il est important d'avoir de bons ustensiles pour réussir plus facilement une recette, il est également important pour réussir son travail scolaire en connaissant les bons outils et en sachant lesquels utiliser pour traiter ses leçons et réaliser efficacement les différents types de devoirs donnés par les enseignants (fiches de lecture, préparation d'une dictée, préparation d'une devoir sur table, apprentissage d'une poésie, apprentissage d'une leçon, préparation d'un oral, etc.) .

Ces outils rentrent dans le champ de la métacognition qui est un des meilleurs prédicateurs de la réussite scolaire en amenant l'élève à réfléchir et à comprendre les raisonnements qu'il engage pour utiliser et construire de nouvelles connaissances ; l'idée est de rendre l'enfant conscient des stratégies d'apprentissage qu'il emploie et de faire en sorte de lui apprendre d'autres qui lui permettent de tout réaliser tout type de devoirs et de traiter n'importe quelle leçon.

En psychologie, la métacognition consiste à avoir une activité mentale sur ses propres processus mentaux donc autrement dit sur sa manière d'apprendre et de prendre conscience de son fonctionnement cognitif pour ensuite le rendre plus performant et efficace.

En résumé voici **les quatre piliers de l'apprentissage** :

- **l'attention** qui amplifie l'information sur laquelle nous nous concentrons,

- l'**engagement actif** qui concerne la curiosité et qui incite notre cerveau à évaluer sans relâche de nouvelles hypothèses,
- le **retour sur erreur** qui compare nos prédictions avec la réalité (et fait office de « feedback »),
- la **consolidation** qui automatise et fluidifie ce que nous avons appris, notamment *pendant le sommeil* ! (un enfant apprend pendant son sommeil et doit avoir, selon son âge, un temps de sommeil suffisant chaque nuit) .

Quatre slogans les résument efficacement et peuvent être transmis de cette façon aux élèves :

- « Concentrez-vous totalement »,
- « Participez en classe »,
- « Effectuez des exercices »,
- « Profitez de chaque jour et de chaque nuit ».

VI/ <u>Conclusion</u> :

La méthode A.R.P.A. est une méthode évolutive qui doit être adaptée à chaque enfant et à chaque situation (il s'agit ici de la proposition d'une méthode qui peut être appliquée de différentes façons). L'élève doit se l'approprier pour qu'elle fonctionne et il doit être rigoureux et constant quant à son application. C'est de cette façon que les résultats seront obtenus.

Des aménagements de cette méthode sont possibles selon le quotidien de l'enfant afin qu'elle soit le plus adaptée possible à son emploi, à sa situation familiale et à son niveau scolaire.

La scolarité française demande à ce que les enfants rentrent dans les cases et assimilent les notions abordées et prévues par le programme de l'éducation nationale. De nos jours, l'enfant est beaucoup trop jugé sur ses résultats et ce, souvent de façon exclusive sans que l'on prenne en compte ses particularités émotionnelles et ses caractéristiques intellectuelles avec ses points forts et ses points faibles.

C'est pourquoi j'essaye sans cesse d'aider les familles et l'enfant dans cette course à la réussite scolaire qui peut parfois être vécue de façon violente, qui laisse des traces et au cours de laquelle on peut y laisser quelques plumes aussi bien entant que parent ou élève. J'explique régulièrement aux familles qu'il n'existe pas de baguette magique et qu'une discipline est à adopter. La méthode A.R.P.A. en est un exemple.

Je souhaite bon courage aux familles et d'excellents résultats aux élèves.

VII/ <u>Annexes</u> :

1) Annexe 1 : Le Mind Mapping

D'autres méthodes de traitement et d'apprentissage des cours existent comme par exemple le Mind Mapping. Dans cette méthode, il s'agit d'apprendre à l'enfant à « cartographier » une leçon en extrayant les informations importantes qui sont articulées autour d'un noyau central

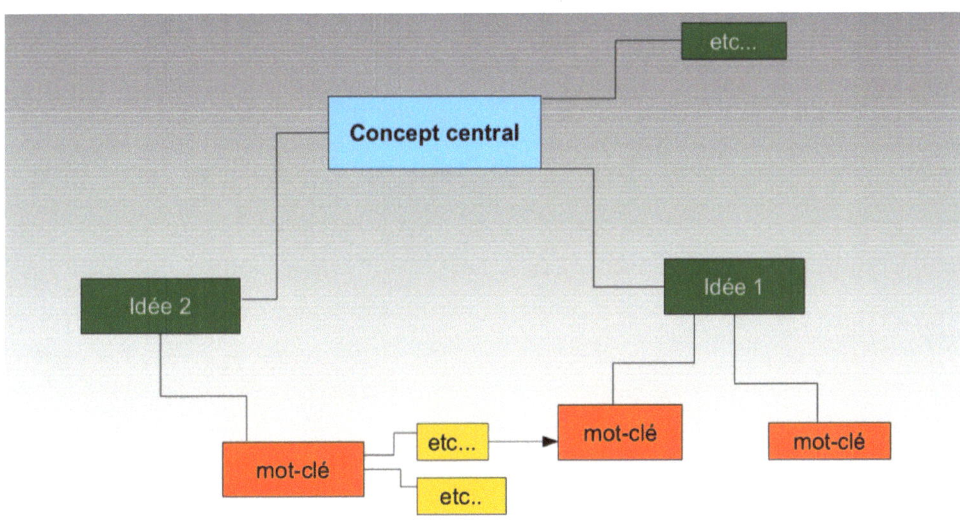

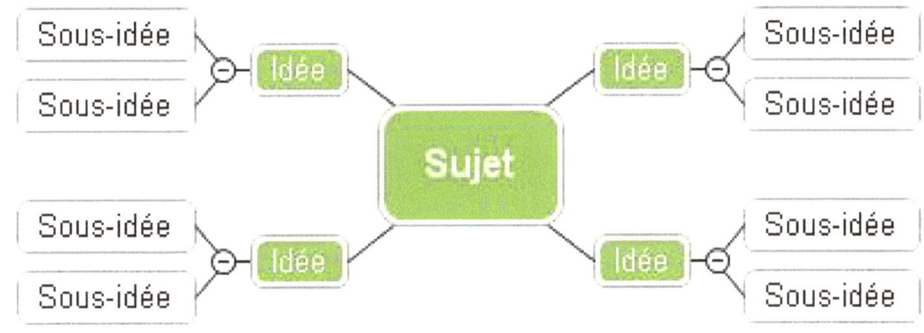

Certains ateliers de formation pour les enfants existent et peuvent s'avérer efficaces surtout si l'enfant possède de bonnes capacités visuo-spatiales et de mémoire visuelle.

2) Annexe 2 : Réponses à des questions diverses

- *La méthode A.R.P.A. que vous présentez fonctionne-t-elle pour tous les enfants* ?

Cette méthode peut être rapidement efficace si l'enfant l'applique au quotidien et avec sérieux. Cependant, elle peut ne pas fonctionner si votre enfant possède un trouble des apprentissages, un retard des acquisitions ou bien une déficience intellectuelle. Elle peut dans ces situations être adaptée et individualisée.

- *Combien de temps faut-il consacrer aux devoirs* ?

Cela dépend de l'âge de l'enfant et de son niveau dans les apprentissages. Le soir, un enfant en école primaire peut se concentrer jusqu'à une heure. Au collège, il est recommandé de ne pas dépasser les deux heures par soir et au lycée, il peut aller au-delà de deux heures.

- *A quelle heure faut-il les faire* ?

En rentrant de l'école après une courte pause sans écrans. Certainement pas après le diner (pour les enfants en école primaire et au collège) qui peut uniquement être une phase de révisions.

- *Quelles sont les différences entre l'école primaire, le collège et le lycée ?*

En école primaire, les devoirs sont plus axés en général sur des exercices de mémorisation. L'enfant aura besoin de l'assistance de l'adulte pour lui apprendre à retenir les poésies et les lui faire réciter. Au collège et au lycée, il s'agit d'apprendre à l'enfant une méthode de travail afin qu'il devienne de plus en plus autonome.

3) Annexe 3 : Adresses utiles

- L'AFEP (Association Française des Enfants Précoces)

 Site web : http://www.afep-asso.fr/

Association agrée par le ministère de l'éducation pour son action liée à la précocité intellectuelle.

- Association APEDA France

   Site web : http://www.apeda-france.com/

   Association de parents et d'adultes ayant des troubles spécifiques des apprentissages (notamment des troubles « dys »).

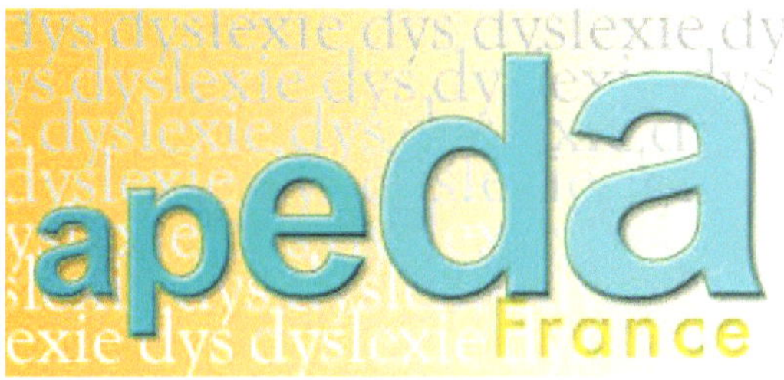

-   Fédération Française des Dys

    Site web : https://www.ffdys.com

    Association qui s'occupe de personnes atteintes de troubles spécifiques des apprentissages.

N'hésitez pas également à consulter des MOOC (Massive Open Online Course, en français formation en ligne ouverte à tous) sur internet. Voici par exemple, un lien qui peut vous être utile et qui reprend également la méthode des fiches : https://www.my-mooc.com/fr/mooc/visez-la-reussite-devenez-un-super-etudiant/